WORD
SEARCH

CAPITAL CITY

FOR KIDS

THIS BOOK BELONGS TO

_____

_____

N	M	M	C	O	T	T	A	W	A
V	M	C	P	A	J	Z	C	J	G
A	Y	N	O	J	I	J	N	W	X
O	J	K	A	V	D	R	R	M	J
E	H	N	M	W	U	N	O	E	M
O	A	G	J	A	N	Y	N	X	F
V	V	N	B	K	D	I	S	I	A
P	A	I	L	T	N	R	C	C	Z
C	N	C	U	R	Z	X	I	O	Z
U	A	O	M	L	M	M	Z	D	I

MADRID

CAIRO

MEXICO

OTTAWA

HAVANA

N	N	H	R	W	I	A	P	V	G
Q	O	E	M	B	C	P	L	L	R
G	P	H	W	T	F	M	U	V	W
L	J	A	S	D	P	O	S	S	Q
D	B	N	R	K	E	W	L	T	D
I	P	O	D	I	L	L	N	V	N
K	P	C	G	Y	S	H	H	V	W
A	M	P	G	C	S	O	F	I	A
A	B	U	D	H	A	B	I	Q	C
Y	U	L	Y	O	X	A	U	V	O

NEWDELHI   **SOFIA**

PARIS

ABUDHABI

B	B	U	C	H	A	R	E	S	T
R	I	R	E	F	G	X	M	B	Q
A	B	R	U	S	S	E	L	S	R
S	C	X	F	S	C	D	J	T	G
I	I	G	O	X	X	E	Q	N	Y
L	D	R	X	Y	W	W	R	Z	B
I	M	G	S	L	T	H	Y	B	W
A	A	M	S	T	A	C	A	C	S
T	T	L	O	N	D	O	N	H	A
P	K	O	X	T	U	N	I	S	Y

TUNIS

BRUSSELS

BUCHAREST

LONDON

BRASILIA

L	L	O	A	T	B	Y	R	K	P
R	Q	V	U	N	A	Q	M	C	M
O	R	J	B	G	T	R	O	M	E
X	G	A	E	T	R	D	Q	K	E
Q	W	H	I	A	J	V	W	L	G
C	A	J	J	N	S	I	B	G	C
O	C	F	I	K	L	E	M	F	Y
T	B	H	N	A	H	N	V	U	X
Y	T	M	G	R	A	N	F	Q	E
Q	T	H	Q	A	R	A	G	M	R

ANKARA

ROME

VIENNA

BEIJING

A	M	S	T	E	R	D	A	M	L
P	L	F	O	X	D	E	Y	K	M
M	T	N	V	R	Z	O	L	P	O
Z	K	U	W	A	I	T	Z	N	S
B	L	T	B	Z	T	X	T	B	C
V	X	R	F	C	R	N	E	E	O
G	L	V	C	Q	J	G	H	I	W
U	O	I	H	W	S	G	R	R	I
E	Y	T	L	X	O	A	A	U	L
N	X	J	H	C	N	U	N	T	O

TEHRAN

KUWAIT

AMSTERDAM

MOSCOW

BEIRUT

L	N	Z	B	H	U	Y	R	B	H
F	D	R	J	E	O	U	I	L	Q
J	M	A	J	K	R	Q	Y	S	G
Y	W	B	N	R	I	L	C	R	R
S	T	A	V	O	G	T	I	C	E
E	M	T	X	N	H	E	U	N	O
A	E	A	B	Y	L	D	R	B	U
U	O	H	A	W	C	D	J	Y	D
L	C	A	N	B	E	R	R	A	M
R	V	Z	T	E	W	G	H	X	M

CANBERRA

SEAUL

BERLIN

RABAT

D	I	Y	N	J	C	V	U	C	G
L	E	X	U	M	B	O	U	R	G
C	F	W	K	U	O	J	K	B	E
C	O	P	E	N	H	A	G	E	N
W	E	J	A	K	A	R	T	A	M
A	G	P	Z	D	O	H	J	G	P
R	N	W	V	Y	V	A	C	B	Q
S	K	N	W	C	Z	N	G	H	Y
A	R	U	V	Z	I	O	R	M	W
W	I	R	C	J	O	I	G	O	L

WARSAW   **HANOI**

JAKARTA

COPENHAGEN   **LEXUMBOURG**

O	H	I	L	T	V	Q	T	R	O
N	N	Y	E	K	J	L	S	J	B
C	A	P	E	T	O	W	N	U	A
J	D	E	R	M	R	M	C	I	N
H	E	L	S	I	N	K	I	L	G
Z	U	T	C	O	R	V	E	B	K
Q	K	I	W	S	R	V	N	X	O
V	N	F	T	L	H	P	G	Q	K
D	L	C	R	O	Z	C	J	N	K
G	O	S	U	V	N	P	E	K	B

CAPETOWN   **HELSINKI**

OSLO

BANGKOK

B	J	B	F	Y	X	R	Z	Y	F
U	Q	R	A	M	V	P	V	N	U
D	T	X	B	T	W	R	F	P	Y
A	S	G	W	P	N	A	I	J	T
P	A	B	U	J	A	G	F	H	E
E	J	F	T	U	Q	U	V	N	T
S	L	F	L	S	A	E	R	M	W
T	J	I	Y	A	O	U	N	D	E
A	N	W	Q	A	E	K	D	J	R
I	H	G	H	N	R	E	P	A	C

BUDAPEST  **PRAGUE**

ABUJA

YAOUNDE

F	E	J	B	S	Q	B	E	T	R
P	T	A	R	T	H	Z	V	R	L
O	R	A	A	O	E	D	Z	H	Q
C	I	A	T	C	E	A	Q	Y	W
P	G	U	I	K	S	K	Q	J	L
X	A	V	S	H	U	A	N	S	H
U	Z	O	L	O	L	R	D	L	H
N	Z	W	A	L	U	W	J	L	T
O	B	I	V	M	M	L	G	W	B
U	A	J	A	X	O	Y	V	Q	B

BRATISLAVA   **STOCKHOLM**

RIGA

DAKAR

A	S	I	N	G	A	P	O	R	E
L	D	B	A	K	U	F	E	M	W
G	G	G	S	K	U	E	E	X	F
I	V	I	A	E	T	W	I	J	B
E	L	A	N	G	H	I	Q	G	T
R	Y	V	J	A	B	M	Z	D	B
S	X	G	O	S	J	I	X	S	Z
T	P	V	S	H	I	N	W	M	I
B	Y	T	E	A	R	S	F	X	E
N	P	Z	Q	V	I	K	D	V	F

MINSK

SANJOSE

SINGAPORE

ALGIERS

BAKU

V	A	L	Q	Y	F	S	E	U	F
R	R	T	S	A	N	J	U	A	N
I	I	M	H	C	G	N	E	T	S
S	Y	C	R	E	R	D	I	E	M
G	A	D	M	X	N	J	Z	F	O
Z	D	K	V	R	D	S	N	Q	D
H	H	I	K	W	T	Z	J	W	O
B	P	H	L	D	I	H	U	S	L
A	I	H	H	J	H	O	H	D	J
M	O	N	T	E	V	I	D	E	O

MONTEVIDEO   **RIYADH**

ATHENS

SANJUAN

N	S	A	N	T	I	A	G	O	F
P	Y	O	N	G	Y	A	N	G	X
X	K	U	C	T	N	F	I	U	Q
O	I	J	E	G	D	Q	F	J	W
W	N	J	U	K	U	O	X	G	V
M	G	N	O	Q	Y	Y	H	V	U
B	S	V	Y	Z	D	I	S	A	S
L	T	B	P	U	P	Y	V	D	T
A	O	L	R	Y	G	F	E	L	D
Z	N	N	G	H	A	R	S	W	V

DOHA

KYIV

PYONGYANG

SANTIAGO

KINGSTON

N	Q	A	Q	V	A	I	L	T	P
M	U	S	C	A	T	Z	I	G	M
N	B	W	M	G	T	J	B	R	J
L	M	Z	Q	T	A	N	R	H	H
W	A	O	Q	P	L	L	E	Z	K
R	S	R	E	I	L	A	V	P	A
W	G	T	Z	P	I	P	I	L	P
S	F	Y	Y	E	N	A	L	V	B
Q	J	X	H	S	N	Z	L	A	W
P	L	Q	X	O	Q	E	E	T	P

TALLINN  **MUSCAT**

LAPAZ

LIBREVILLE

U	B	T	O	K	Y	O	H	Y	O
A	V	I	L	N	I	U	S	H	Y
D	H	G	M	R	L	I	E	X	Q
C	A	T	B	I	L	I	S	I	F
Q	B	E	G	Z	V	T	F	O	B
C	B	O	M	A	N	A	M	A	A
T	R	U	S	V	Z	B	T	P	M
M	N	M	P	V	W	E	M	P	A
N	F	C	X	E	A	C	S	O	K
F	O	T	O	E	F	Y	Y	U	O

TOKYO  **VILNIUS**

MANAMA **BAMAKO**

TBILISI

R	Q	G	D	A	P	W	J	Z	S
L	I	S	B	O	N	E	B	O	E
R	Z	F	C	Y	H	E	B	M	I
W	A	S	H	I	N	G	T	O	N
G	X	Q	C	L	Q	O	F	U	N
L	T	O	H	I	F	T	L	Q	H
F	L	Y	B	E	Q	L	V	O	C
W	G	E	H	Z	G	K	M	K	S
L	M	G	A	S	Y	K	Y	U	S
M	A	L	E	N	S	L	O	M	E

LISBONE

LOME

WASHINGTON

MALE

J	C	V	L	N	M	F	O	U	Y
T	Z	P	U	A	C	R	W	J	Q
I	U	G	T	C	N	G	D	Q	Q
N	L	U	Q	C	X	M	E	W	L
V	S	H	I	R	M	T	I	I	H
H	N	F	P	A	S	A	N	A	A
T	I	R	G	T	D	I	I	E	J
W	O	R	Y	K	J	A	V	I	K
A	I	D	D	C	D	Q	G	F	A
D	U	B	L	I	N	Q	I	Z	I

ACCRA  **SANAA**

DUBLIN

REYKJAVIK

T	A	I	P	E	I	S	E	D	A
E	G	M	J	E	Q	A	W	F	B
O	B	B	O	G	O	T	A	O	R
G	I	U	K	S	K	R	P	N	X
S	G	X	M	K	N	F	X	X	V
U	X	H	X	X	X	L	T	K	M
F	Q	K	K	D	S	A	H	L	S
A	D	D	I	S	A	B	A	B	A
W	E	L	L	I	N	G	T	O	N
J	O	T	O	Q	Y	T	O	L	S

TAIPEI  **BOGOTA**

WELLINGTON **ADDISABABA**

A	T	I	R	A	N	A	J	I	Q
D	N	N	V	L	L	F	D	W	D
P	O	R	T	O	N	O	V	O	Z
Q	Q	K	C	U	K	U	C	A	S
E	B	Y	Z	A	L	M	O	A	W
V	P	U	M	E	R	Y	H	T	N
U	P	S	G	T	U	A	Q	X	T
T	N	Q	A	X	I	P	C	M	B
V	A	L	L	E	T	T	A	A	P
N	K	Y	W	E	H	A	N	E	S

CARACAS  **TIRANA**

PORTONOVO **VALLETTA**

N	U	R	S	U	L	T	A	N	W
M	F	G	S	K	I	G	A	L	I
L	N	P	G	C	G	C	L	Z	U
S	M	H	P	D	M	Z	X	Y	R
C	C	X	M	N	J	K	F	Q	M
P	N	I	C	O	S	I	A	W	I
A	O	S	R	J	V	F	S	C	B
O	E	O	L	R	X	L	W	O	H
O	Q	J	Q	D	T	T	W	X	U
P	R	I	S	T	I	N	A	N	E

KIGALI      **PRISTINA**

NURSULTAN   **NICOSIA**

S	Z	W	O	U	I	N	M	L	U
F	N	N	L	B	Q	X	M	I	V
E	A	S	X	K	T	X	C	M	E
P	I	J	K	F	O	M	M	A	M
K	R	B	D	O	D	O	M	A	I
M	O	P	O	X	O	H	V	F	P
S	B	S	W	S	Y	B	O	U	G
V	I	Z	C	U	K	F	Z	D	G
F	S	A	Y	R	P	O	Z	F	P
V	L	U	A	N	D	A	J	C	Y

LIMA  **DODOMA**

NAIROBI **LUANDA**

R	W	N	A	H	H	E	M	K	G
Z	U	P	S	V	K	Q	E	T	U
R	D	K	U	S	D	V	N	A	H
C	Y	I	N	L	S	W	R	S	X
F	U	N	C	U	S	R	O	H	G
P	S	S	I	S	N	T	O	K	X
P	O	H	O	A	N	G	D	E	Z
A	B	A	N	K	B	H	K	N	E
Z	W	S	I	A	F	F	I	T	M
P	T	A	J	U	Z	X	E	V	K

LUSAKA

KINSHASA

ASUNCION

TASHKENT

C	J	O	X	P	E	E	T	I	P
W	W	R	D	X	B	J	L	C	T
O	W	Y	G	C	P	H	V	N	R
G	T	M	H	A	R	A	R	E	I
U	R	P	F	C	E	J	L	R	P
E	B	A	C	U	Q	I	L	A	O
Z	A	N	O	V	Y	K	K	I	L
E	D	A	L	I	H	I	Q	M	I
O	D	M	C	F	L	A	T	S	Y
U	Y	A	M	R	O	S	E	A	U

PANAMA  **ROSEAU**

TRIPOLI **HARARE**

Z	S	T	O	X	N	O	P	W	R
E	D	K	I	B	B	Y	K	Q	I
W	S	A	R	A	J	E	V	O	W
D	T	Z	H	Y	L	M	N	R	E
Q	U	I	T	O	M	O	G	P	B
H	H	K	P	S	X	B	T	E	J
X	K	K	A	M	P	A	L	A	I
H	R	R	W	J	C	P	A	O	P
N	O	U	A	K	C	H	O	T	T
P	C	C	J	A	Z	R	V	B	L

KAMPALA  **SARAJEVO**

QUITO **NOUAKCHOTT**

X	A	Z	U	M	K	P	E	X	F
A	T	Y	M	K	H	S	L	H	Y
W	P	B	Y	F	A	L	N	A	Y
S	T	L	A	K	Q	I	S	M	E
M	S	W	O	N	N	E	L	M	F
A	P	F	H	L	G	R	O	A	A
D	R	R	I	Z	H	U	E	N	Q
R	A	H	B	U	T	A	I	X	R
I	I	L	D	T	P	C	P	T	G
D	A	O	V	X	T	T	L	J	T

PRAIA

BANGUI

AMMAN

MADRID

Y	R	B	K	D	I	R	C	U	C
F	G	F	U	N	C	O	M	I	O
W	A	B	T	A	G	M	J	J	N
W	G	V	E	G	P	E	L	L	A
E	R	B	O	C	E	R	O	R	K
E	V	R	A	F	Y	W	N	E	R
S	G	A	D	F	A	Q	D	M	Y
X	B	B	R	I	S	O	O	W	N
Y	O	A	Q	U	B	D	N	M	N
J	E	T	F	I	X	X	Z	B	K

CONAKRY  **ROME**

LONDON **RABAT**

E	B	X	S	M	X	F	Q	Z	N
L	Z	R	D	I	K	D	P	X	I
S	C	C	U	X	O	L	A	K	A
G	A	J	Y	S	C	Y	R	N	M
T	I	H	M	H	S	V	I	J	E
W	R	F	Y	S	B	E	S	G	Y
B	O	R	D	C	B	F	L	M	D
V	E	C	M	K	Z	J	T	S	Y
O	T	J	Z	R	X	S	Y	R	H
Y	O	Y	Z	Z	A	R	N	U	H

BRUSSELS  **PARIS**

CAIRO **NIAMEY**

F	D	V	C	Z	D	W	U	A	V
G	U	C	X	A	P	Z	A	A	Q
M	B	U	G	T	U	C	G	C	R
S	L	I	T	H	V	V	G	P	A
A	I	P	O	E	K	V	V	V	U
P	N	B	K	N	I	H	W	T	Y
T	G	W	Y	S	W	P	F	S	C
N	C	P	O	Z	I	L	N	Y	F
O	R	K	U	W	A	I	T	B	X
Z	P	E	E	U	R	E	F	L	V

DUBLIN  **ATHENS**

TOKYO **KUWAIT**

G	C	L	M	V	Q	Y	L	U	I
W	R	V	X	K	U	I	Z	A	J
B	A	B	M	E	X	I	C	O	J
V	N	U	R	V	I	E	N	N	A
K	K	G	L	W	V	Q	F	E	O
K	A	D	L	O	B	O	B	B	Z
K	R	B	P	T	B	S	O	I	M
T	A	I	B	I	F	L	S	Q	S
D	G	S	Z	X	N	O	F	M	Q
I	A	R	W	L	Y	I	Z	C	Y

VIENNA      **OSLO**

ANKARA   **MEXICO**

V	Q	Y	Q	Z	O	O	G	C	R
R	W	A	R	S	A	W	T	U	U
W	R	S	E	O	U	L	Z	R	N
U	B	E	R	L	I	N	Y	R	T
G	L	A	X	D	Q	W	C	H	B
F	L	V	U	S	B	D	L	N	S
H	A	V	A	N	A	N	D	Z	O
K	J	W	N	W	T	K	G	D	W
R	F	Z	Q	L	P	F	O	K	S
O	J	B	W	G	P	K	I	L	Y

WARSAW      **BERLIN**

HAVANA   **SEOUL**

K	Y	F	K	X	K	G	Q	F	S
C	F	G	O	L	I	S	B	O	N
Q	O	Y	D	P	S	L	A	B	U
E	B	D	R	L	D	A	K	A	R
R	Z	E	N	A	I	R	O	B	I
V	Y	H	I	U	W	Y	W	Q	J
M	L	K	P	R	Q	S	R	V	Z
D	G	C	Z	T	U	Q	Z	K	W
L	G	U	S	U	Y	T	F	W	D
X	L	S	S	R	H	T	D	G	A

DAKAR      **NAIROBI**

LISBON   **BEIRUT**

I	S	J	A	P	R	B	Z	I	W
P	R	A	G	U	E	P	Q	P	E
B	H	M	H	M	T	N	K	X	L
C	X	P	E	D	W	P	B	O	L
A	P	T	L	O	K	E	Q	F	I
P	F	H	S	B	C	R	H	A	N
T	K	R	I	A	Y	N	W	S	G
O	A	F	N	C	F	E	A	E	T
W	T	O	K	M	L	N	D	L	O
N	F	T	I	F	L	Y	V	C	N

CAPTOWN  **PRAGUE**

WELLINGTON **HELSINKI**

T	Z	M	R	L	B	L	T	K	N
C	A	N	B	E	R	R	A	S	B
M	U	C	N	D	A	X	U	O	R
L	P	C	X	Z	Y	O	L	F	A
R	O	K	T	V	D	M	N	I	S
H	G	N	Y	E	U	I	T	A	I
R	Y	B	P	S	X	N	J	V	L
A	F	V	Z	C	H	S	B	W	I
A	N	C	A	J	X	K	I	Q	A
R	I	H	V	G	P	C	S	A	S

CANBERRA  **SOFIA**

BRASILIA   **MINSK**

L	C	B	O	C	D	N	N	G	X
T	O	A	P	K	N	P	X	E	O
E	B	M	H	N	J	Q	C	V	Y
S	Y	T	E	I	I	N	A	R	S
X	M	Y	O	H	K	O	L	I	J
C	N	X	V	H	C	W	Y	G	L
U	C	O	S	Y	Z	I	O	A	V
K	Y	I	V	H	E	L	S	B	K
U	R	K	M	O	S	C	O	W	G
A	X	Q	T	C	Z	N	O	Y	C

MOSCOW      **LOME**

KYIV   **RIGA**

F	T	V	A	L	U	S	A	K	A
H	U	T	M	B	Y	X	C	Z	D
O	N	Z	M	M	D	E	A	Z	F
M	I	A	W	O	T	T	A	W	A
S	S	G	H	W	T	I	V	Y	K
E	Q	R	K	R	H	P	S	N	F
P	A	E	M	C	F	Y	G	V	M
I	D	B	T	C	P	B	U	J	D
T	K	A	D	F	Z	M	X	I	T
X	E	X	K	R	U	J	E	Z	U

TUNIS      **ZAGREB**

LUSAKA   **OTTAWA**

V	N	F	P	D	A	E	Y	K	Y
N	J	M	I	S	S	F	L	K	S
I	V	Y	V	V	T	R	K	W	Z
C	K	Z	P	U	L	V	M	W	K
O	E	Z	E	W	M	A	D	S	Q
S	J	E	Y	X	X	E	P	R	O
I	R	I	W	Z	R	L	X	A	S
A	R	I	Y	A	D	H	D	E	Z
O	K	J	O	Q	W	V	H	A	L
A	B	U	D	H	A	B	I	G	V

RIYADH  **ABUDHABI**

NICOSIA **LAPAZ**

D	Y	V	I	L	F	P	A	I	X
S	T	U	B	O	G	O	T	A	Q
A	W	S	O	N	G	W	F	S	L
N	H	A	N	O	I	X	N	K	P
T	L	A	P	N	V	H	I	B	O
I	Z	K	Y	A	F	X	D	H	K
A	F	D	G	J	J	Z	E	B	Q
G	W	K	S	A	H	X	V	T	P
O	K	V	C	L	M	O	I	T	E
P	A	L	G	I	E	R	S	F	Q

SANTIAGO  **BOGOTA**

ALGIERS **HANOI**

K	U	D	J	C	M	Q	I	B	E
Q	T	N	E	W	D	E	L	H	I
D	R	C	C	Q	R	T	V	P	G
D	I	C	D	R	K	R	C	P	G
X	P	G	E	P	G	Z	L	T	B
V	O	R	S	N	R	Z	Q	F	Z
U	L	Q	E	C	H	A	Y	S	Z
X	I	A	H	Q	M	Z	I	K	J
S	A	N	A	A	B	B	D	A	Y
M	W	C	R	X	Q	X	D	W	S

SANAA  **TRIPOLI**

NEWDELHI **PRAIA**

N	L	R	S	X	P	Q	V	B	D
U	S	Q	N	A	R	R	A	U	Q
G	U	S	K	O	P	J	E	D	N
G	M	U	I	V	T	O	O	A	M
M	U	S	C	A	T	M	J	P	Z
H	S	R	U	G	U	A	W	E	H
E	A	T	U	B	M	U	H	S	Z
A	M	B	L	A	T	H	Z	T	W
J	C	W	C	K	G	R	I	I	Q
G	I	A	W	I	T	W	G	X	F

MUSCAT

BAKU

BUDAPEST

SKOPJE

Q	A	X	X	F	W	E	O	M	A
B	L	F	Q	C	U	H	V	Z	M
A	M	A	N	A	M	A	T	E	S
A	T	Z	I	T	R	G	D	R	T
B	S	B	J	U	Y	K	Q	T	E
U	K	K	H	Q	G	O	W	G	R
J	N	T	I	R	A	N	A	B	D
A	K	U	R	K	W	I	L	M	A
W	A	O	E	O	P	B	X	U	M
Z	B	K	S	S	E	O	L	O	S

ABUJA  **TIRANA**

AMSTERDAM **MANAMA**

P	J	P	X	B	Q	E	Q	J	K
Q	U	I	T	O	D	K	I	O	Y
M	N	W	B	A	N	J	U	L	Q
R	O	S	X	W	X	Q	P	R	Z
F	G	A	A	T	Q	Q	I	Q	Q
Q	V	Y	T	J	E	W	R	D	D
M	W	W	Q	I	Q	X	L	S	A
L	B	N	R	D	D	C	K	O	X
E	D	I	N	B	U	R	G	H	I
C	O	P	E	N	H	A	G	E	N

BANJUL  **QUITO**

COPENHAGEN   **EDINBURGH**

W	A	S	H	I	N	G	T	O	N
G	N	B	C	Z	J	C	A	K	D
P	H	M	A	W	F	T	V	H	O
A	J	E	J	Z	D	M	Z	H	V
N	X	D	L	C	G	R	R	G	I
A	I	N	N	L	O	N	D	O	N
M	X	F	R	E	E	T	O	W	N
A	I	L	W	A	A	J	Q	C	K
D	W	T	S	W	X	N	Y	Q	Z
C	G	C	G	S	F	G	I	F	Z

PANAMA  **LONDON**

WASHINGTON   **FREETOWN**

J	A	K	A	R	T	A	Y	B	V
M	O	N	T	E	V	I	D	E	O
L	Y	D	A	Y	M	T	F	A	A
F	R	N	B	B	R	O	C	M	Q
L	B	A	C	E	I	V	P	O	Z
W	Q	E	W	U	L	D	V	B	Q
A	T	K	W	J	A	I	J	D	G
F	Q	X	Y	N	W	P	Z	A	U
W	K	S	W	B	S	P	J	E	N
P	Z	Q	D	A	E	G	J	P	W

ABIDJAN      **JAKARTA**

MONTEVIDEO   **BELIZE**

G	M	C	K	P	C	H	A	P	J
G	L	U	A	N	D	A	M	J	X
U	P	B	H	L	I	S	B	O	N
A	P	A	T	G	R	R	R	G	N
T	O	X	R	V	O	T	M	A	S
E	M	X	B	I	D	M	U	W	J
M	C	Z	L	Q	S	A	O	E	J
A	B	W	L	I	E	T	N	O	A
L	Z	N	M	T	N	O	N	P	R
A	A	M	W	Y	V	U	W	W	P

LUANDA  **PARIS**

GUATEMALA **LISBON**

V	J	G	A	I	O	O	S	D	U
G	U	O	P	O	F	C	I	Y	Y
M	A	N	A	G	U	A	N	W	Y
M	A	Y	E	A	T	S	G	J	D
Y	C	R	D	C	M	O	A	W	Q
O	S	L	O	X	A	M	P	N	L
W	K	S	Z	M	N	Z	O	U	J
M	X	Y	S	T	I	N	R	U	L
C	A	O	W	F	L	Z	E	W	D
C	L	M	A	J	A	L	B	M	J

MANAGUA      **OSLO**

MANILA   **SINGAPORE**

W	R	G	T	I	J	M	K	S	S
T	M	R	G	Y	P	Z	I	Z	D
P	E	C	X	O	D	D	A	E	T
R	F	H	L	P	L	A	U	Y	F
K	S	P	R	Q	D	D	W	E	W
W	C	O	G	A	X	O	E	E	T
L	D	L	M	I	N	M	H	Y	O
C	C	D	P	I	E	S	T	A	K
M	G	I	W	G	F	E	R	T	Y
X	G	V	N	M	G	T	R	H	O

TEHRAN  **POLDIV**

TOKYO   **DOHA**

J	P	F	W	T	D	Y	R	Y	J
J	X	Y	Q	I	C	R	A	C	A
O	A	N	H	P	D	G	B	C	W
Q	B	O	S	F	V	J	A	X	I
N	U	F	O	D	W	J	T	B	X
G	J	L	F	A	W	Z	T	R	I
N	A	B	I	I	I	B	W	C	U
M	Y	U	A	X	M	J	T	O	Z
A	P	C	A	C	C	R	A	C	Y
V	S	Z	Q	H	W	O	G	H	I

RABAT  **ABUJA**

SOFIA **ACCRA**

C	N	N	Y	N	T	F	R	Q	G
L	Y	F	R	S	G	S	L	Z	V
K	I	N	G	S	T	O	N	G	I
E	J	C	Q	N	R	Q	X	N	L
M	W	B	E	O	M	M	S	D	N
M	P	Z	U	X	I	C	I	H	I
B	K	W	J	X	N	Z	K	P	U
S	Y	S	K	X	S	K	V	C	S
I	E	D	J	J	K	T	Q	E	A
S	A	N	J	O	S	E	C	F	V

VILNIUS

SANJOSE

KINGSTON

MINSK

X	L	H	R	L	R	K	V	M	F
C	M	M	W	I	D	O	Z	N	L
Z	N	A	P	B	E	B	M	N	P
Q	A	D	D	R	W	U	H	E	K
V	N	R	V	E	E	P	C	D	N
W	K	I	J	V	F	S	L	K	V
R	A	D	O	I	O	C	J	P	W
H	R	J	E	L	I	L	O	H	V
E	A	V	Q	L	N	C	K	G	I
G	A	V	Z	E	P	Q	I	X	S

MADRID  **ROME**

LIBREVILLE **ANKARA**

E	K	R	S	S	W	V	Y	L	N
A	C	A	T	U	F	I	S	E	A
S	O	C	K	H	O	L	M	X	I
I	O	G	J	O	A	O	F	U	R
V	G	R	G	P	B	T	J	M	O
L	W	V	J	U	D	N	X	B	B
D	X	G	V	Q	X	S	J	O	I
C	H	A	V	A	N	A	V	U	V
C	B	R	R	E	V	M	X	R	L
E	O	J	Y	J	Q	H	Y	G	J

NAIROBI  **HAVANA**

LEXUMBOURG **STOCKHOLM**

E	C	N	B	H	R	X	O	T	I
N	C	Z	E	Y	V	B	W	P	X
N	C	C	I	B	E	R	L	I	N
U	A	J	J	G	D	W	D	E	G
F	I	O	I	M	M	H	G	B	F
N	R	C	N	C	E	E	A	P	X
O	O	V	G	X	K	X	U	K	F
R	P	R	W	J	R	V	I	W	K
L	O	T	H	N	T	A	V	C	S
X	P	N	U	N	T	N	N	X	O

BEIJING      **MEXICO**

BERLIN   **CAIRO**

O	M	H	R	T	K	O	L	P	I
Y	P	Y	P	C	T	P	B	R	T
U	V	I	E	N	N	A	N	A	B
T	V	B	S	H	A	Y	H	G	R
T	T	A	S	D	C	N	B	U	A
V	L	N	M	H	D	B	M	E	S
R	V	G	U	P	Q	V	D	Z	I
H	L	K	M	N	Q	L	S	U	L
A	Q	O	V	D	V	R	Q	U	I
M	K	K	O	G	H	D	U	P	A

BRASILIA  **VIENNA**

BANGKOK   **PRAGUE**

Printed in Great Britain
by Amazon

30624699R00031